JN425884

OLYMPUS GUARDIAN 64

신화, 명화를 남기다

글 박은하

주니어RHK

차례

1 올림포스의 대표 신들

올림포스에는 많은 신이 살았어요.
생김새가 다른 만큼 성격도 모두 달라 저마다 특별했지요.
명화를 감상하며 올림포스 신들의 특징을 알아보아요.

신들의 회의 *라파엘로 1515–1517년*

제우스와 올림포스의 신들이 세상을 다스리기 이전에 거인 족과의 싸움이 있었어요.

제우스의 아버지 크로노스는 자식이 자신을 몰아낼 거라는 예언 때문에 자식을 낳는 족족 삼켜 버렸어요. 훗날 제우스는 크로노스에게 형제들을 모두 토해 내게 하지요.
예언대로 제우스는 형제들과 함께 아버지를 몰아내고 세상을 다스리게 돼요.

아들을 삼키는 크로노스
페테르 파울 루벤스 1636년

거인 족을 무찌르는 제우스 줄리오 로마노 16세기

화가 난 크로노스는 자신과 같은 거인 족을 불러 모아
올림포스의 신들과 전쟁을 벌이지요.
제우스는 구름 위에서 거인 족에게 벼락을 던지고,
올림포스의 신들도 제각각 거인들에게 맞서고 있어요.
이 전쟁은 결국 올림포스 신들의 승리로 끝났답니다.
그리고 열두 신이 세상을 다스리는 세계가 시작되었어요.

거인 족에게 벼락을 던지는 제우스
샤를 라미 18세기

신들의 왕인 제우스와 부인 헤라예요.
헤르메스는 제우스의 아들로, 신들의 뜻을 전하려고 바쁘게 다니지요.

제우스와 테티스 *장 오귀스트 도미니크 앵그르 1811년*

구름에 둘러싸인 왕좌에
제우스가 앉아 있어요.
신들의 왕답게 무척 근엄해 보여요.
그림의 오른쪽에는 제우스의 새, 독수리가
날카로운 눈빛을 뽐내며 앉아 있어요.

제우스가 꼼짝 못하는 단 하나의 신이 있는데,
바로 아내 헤라 여신이에요.
제우스를 내려다보는 헤라의 표정이 싸늘해요.
어쩐지 제우스가 저지른 잘못을
헤라가 알고 있는 듯이 보여요.

제우스와 헤라 *암부로조 피치노 16세기*

헤르메스는 제우스와 마이아라는 여인 사이에서 태어난 신이에요. 날개 달린 신발을 신고 여기저기 마음껏 날아다니는 것이 특징이지요.

헤르메스
조반니 바티스타 티에폴로 18세기

파르나소스 *안드레아 만테냐 1497년*

신들이 파르나소스 산 정상에 모여 놀고 있어요.
가장 오른쪽에 날개 달린 말과 함께 있는 신이 바로 헤르메스예요.
헤르메스는 신화에서 보조적인 역할로 주로 등장해요.
그래서 비록 주인공은 아니지만 명화에서 자주 만날 수 있어요.

태양의 신 아폴론과 사냥의 여신 아르테미스는 남매예요. 지하 세계를 다스리는 하데스도 신화에 자주 등장하지요.

태양과 음악의 신 아폴론은 잘생기고 건강한 외모로 유명하지요. 아폴론은 님프인 다프네를 사랑하지만 그녀의 사랑을 얻지 못했어요.

아폴론과 다프네 *조반니 바티스타 티에폴로 1743–1744년*

아폴론이 싫어서 필사적으로 도망치던 다프네가 잡히려는 순간, 손가락 끝부터 월계수로 변하고 있어요. 펄럭이는 아폴론의 망토에서 다급함이 느껴져요. 많은 화가가 이 긴박한 순간을 그렸답니다.

벨베데레의 아폴론
작가 미상 기원전 350년경

사냥꾼 아르테미스 *작가 미상 기원전 2세기*

아르테미스는 사냥과 달의 여신이에요.
그림과 같이 수많은 님프와 함께 사냥을 하고
목욕을 즐기곤 했어요.

아르테미스와 그녀의 님프들 *빌럼 판 미리스 1702년*

납치되는 페르세포네 *하르먼스 렘브란트 1630-1631년*

지하 세계의 왕 하데스는 불명예스러운
납치 사건으로 아주 유명해요.
데메테르 여신의 딸 페르세포네를
납치해서 지하 세계로 데려가
왕비로 삼았지요.

하데스 *작가 미상*
연도 미상

데메테르의 딸 페르세포네는 하데스의 아내가 되었어요. 아프로디테와 에로스는 화가들이 즐겨 그린 신이에요.

페르세포네
단테이 게이브리얼 로세티 1874년

화가가 사랑하는 여인을 모델로 그린 페르세포네의 모습이에요. 불안한 표정으로 하데스가 준 석류를 들고 있어요.

돌아온 페르세포네 *프레더릭 레이턴 19세기*

농업의 신 데메테르가 땅 위로 돌아오는 딸 페르세포네를 맞고 있어요. 페르세포네를 감싸고 있는 건 제우스의 전령사 헤르메스예요. 하데스가 저지른 이 납치 사건의 뒤에는 사랑의 신 에로스가 있었어요.

에로스가 어머니인 아프로디테와 함께 있어요. 에로스의 화살에 맞으면 누구나 사랑하거나 미워하는 감정에 빠지고 말아요. 하데스도 에로스의 화살에 맞았지요. 그림에서 에로스의 화살이 아프로디테의 손끝이 가리키는 곳을 향해 있어요. 과연 누가 또 사랑에 빠지게 될까요?

아프로디테와 에로스 *세바스티아노 리치 1700년경*

아프로디테의 탄생
산드로 보티첼리 1485년경

에로스의 어머니, 아프로디테는 바다 거품 속에서 태어났다고 해요. 그림의 왼쪽에서 서풍의 신 제피로스가 바람을 불어 조개껍데기가 뭍에 닿게 도와주고 있어요. 오른쪽에서는 계절의 신 호라이가 아프로디테를 감싸 줄 옷감을 펼쳐 들고 있어요. 아프로디테는 아름다움의 여신으로 화가들이 아주 사랑한 신 가운데 하나랍니다.

아프로디테는 대장장이 신 헤파이스토스가 남편이었지만,
전쟁의 신 아레스와도 깊은 사이였답니다.
또 다른 전쟁의 신, 아테나는 지혜와 공예의 신이기도 해요.

헤파이스토스에게 아들 아이네이아스의 갑옷을 부탁하는 아프로디테
프랑수아 부셰 1732년

아름다운 아프로디테의 남편은 누구일까요?
바로 올림포스 신들 가운데 가장 못생겼다는 헤파이스토스예요.
못 만드는 것이 없는 뛰어난 대장장이 신이지요.
칼이며 투구, 갑옷 등 헤파이스토스가 만들면 최고였답니다.

아레스
디에고 벨라스케스 1640년경

아레스는 전쟁의 신이에요.
싸움을 좋아하는 난폭한 성격으로 유명하지요.

못생긴 헤파이스토스가 마음에 들지 않았던
아프로디테는 다른 남자들을 만나고 다녔는데,
그중 하나가 바로 전쟁의 신 아레스예요.
에로스가 아프로디테와 함께 있는
아레스의 신발 끈을 풀며 장난스럽게 웃어요.

아프로디테에 의해 무장이 풀어지는 아레스
자크 루이 다비드 1824년

정의로운 전쟁을 수호하는 아테나는
태어날 때부터 무장을 한 모습이었어요.
아테나의 투구와 갑옷에 번쩍이는 금박은
아테나의 당당함을 더욱 돋보이게 해 주어요.
화가 클림트는 이 작품을 시작으로
여러 그림에 금박이나 은박을 사용했답니다.

팔라스 아테나
구스타프 클림트 1898년

디오니소스를 기리는 축제가 벌어졌어요.

디오니소스의 축제 제라르 드 래레스 1680년

술의 신 디오니소스는 그를 기리는 축제로 유명해요.

축제가 있는 날에는 모두들 마음껏 먹고 마시고 노래하며 흥청망청 놀아요.

그림 가운데에 있는 디오니소스는 포도 재배법을 알린 신답게 머리에 포도 넝쿨을 쓰고 있어요.

자연 속 신의 모습

신화에서는 모든 자연을 신이 관리하여
아름다운 자연의 모습이 신이 되기도 해요.
새벽을 밝히는 여신의 옷자락과
바다를 가르는 님프들의 이야기를 살펴보아요.

환히 태양이 떠 있는 낮과 어둠이 깔린 밤의 신들은 모습이 어떻게 다를까요?

아폴론과 에오스 *제라르 드 래레스 1671년*

아폴론의 전차 *오딜롱 르동 1905–1914년경*

〈아폴론과 에오스〉에서 태양의 신은 늠름한 남자의 모습으로, 새벽의 신은 아름다운 여자의 모습으로 그려졌어요. 어둠을 몰아내는 두 신은 모두 밝고 화사한 겉옷을 둘렀어요. 그림 아래쪽으로 어둠이 스러져 가요.

네 마리 말이 끄는 전차는 태양신 헬리오스의 전차예요. 아폴론과 헬리오스는 둘 다 태양의 신으로 불리기 때문에 아폴론의 전차라고도 하지요. 네 마리 말 아래에는 아폴론이 무찌른 괴물이 보여요. 화가 특유의 환상적인 색과 분위기가 전차의 신비로움을 더해요.

달과 대지, 저승의 세 여신이
한 몸이 된 헤카테예요.
달이 드러나는 밤과 지하 세계를
담당하는 여신이니만큼
어둡고 으스스하게 표현했어요.

헤카테 *윌리엄 블레이크 1795년*

무지개 여신 이리스가 모르페우스의
꿈속에 나타났어요. 모르페우스는
잠의 신 힙노스의 아들로, 꿈의 신이지요.
나른하게 기지개를 켜는 모습이
달콤한 잠에 빠진 것처럼 보여요.

모르페우스와 이리스
피에르 나르시스 게랭 1811년

바다와 숲에도 신들이 있어요.
특히 아름다운 님프들이 많이 살았지요.

포세이돈의 개선
니콜라 푸생 1636년경

바다의 신 포세이돈과 바다의 님프들인 네레이데스예요. 대부분의 그림에서 포세이돈은 말을 이끌고 삼지창을 들고 다니는 것으로 표현되지요.
오십여 명으로 알려진 네레이데스는 언제나 아름다운 여인들로 그려진답니다.
그림 한가운데 돌고래를 타고 있는 여신은 네레이데스 가운데 한 명인 암피트리테예요.
포세이돈과 결혼하여 바다의 여왕이 되었지요.

에코는 숲과 샘의 요정이었어요.
아름다운 청년 나르키소스를
짝사랑하다가 메아리가 되고 말지요.
물가에 엎드려 있는 나르키소스를
바라보고 있어요.

에코와 나르키소스
존 윌리엄 워터하우스 1903년

팬파이프를 연주하는 판 *아르놀트 뵈클린 1875년*

판은 목동과 가축의 신으로 인간과 염소의 모습을 하고 있어요. 팬파이프를 불며 들판을 돌아다니지요. 요정들을 쫓아다니거나 사람들을 놀라게 하는 못된 행동도 많이 하는데, 그림 속에 있는 판은 어쩐지 순하고 얌전해 보여요.

포모나 *빌헬름 트뤼브너 1898년*

정원을 가꾸고 과일을 재배했던
포모나는 나무의 님프예요.

아름다운 님프가 때로는 위험하기도 하답니다.

샘가에서 물을 길던 힐라스 주위에 님프들이 몰려들었어요.
어두운 배경에서 물의 요정 나이아데스가 눈부시도록 아름답게 빛나요.
하지만 물속으로 청년을 끌어들이려는 모습이 어쩐지 으스스해 보여요.

힐라스와 님프들 *존 윌리엄 워터하우스 1896년*

3 신화 속 인간의 모습

신화 속에는 신뿐만 아니라 수많은 인간이 나와요.
인간은 신에 비하면 능력이 보잘것없고 약한 존재로 등장하지요.
하지만 인간은 신을 닮고, 신은 인간을 닮았어요.

신화 속에 등장하는 인간에게는 많은 이야기가 담겨 있습니다. 신은 인간을 도와주기도, 어려움에 빠뜨리기도 했지요.

불을 훔치는 프로메테우스 얀 코시에르스 1637년

인간을 만든 신은 프로메테우스예요. 인간을 가장 사랑한 신이기도 하지요. 프로메테우스가 인간을 위해 불을 훔치고 있어요. 제우스 몰래 훔치려고 하늘을 힐끔 올려다보아요. 프로메테우스는 인간에게 불을 가져다준 죄로 카우카소스 산 바위에 묶여 독수리에게 간을 뜯어 먹혀요. 프로메테우스는 날마다 엄청난 고통을 당하면서도 자신의 행동을 후회하지 않았답니다.

사슬에 묶인 프로메테우스
페테르 파울 루벤스 1611-1612년

최초의 여자 인간, 판도라예요. 판도라가 제우스가 준 상자를 열자 세상의 모든 근심거리가 쏟아져 나왔지요. 살그머니 뚜껑을 여는 판도라는 앞으로 무슨 일이 벌어질지 아직 모르는 것 같아요.

판도라
존 윌리엄 워터하우스 1896년

**사랑은 신도 인간도 피해 갈 수 없는 운명이지요.
신화에서 가장 애틋하고 슬픈 사랑을 한 오르페우스의 이야기는
많은 화가가 즐겨 그린 소재예요.**

에우리디케 무덤 위의 오르페우스
귀스타브 모로 1891년

최고의 음악가 오르페우스가 사랑하는 아내 에우리디케의 죽음으로 슬픔에 빠져 있어요. 사람이 신과 다른 점은 정해진 수명만큼만 산다는 것이에요. 운명의 세 여신이 정한 에우리디케의 수명은 그 누구도 어찌할 수 없었지요. 오르페우스는 지하 세계에 있는 에우리디케를 찾아 떠나요.

지하 세계로 가려면 카론의 배를 타야 해요. 카론은 산 사람은 절대 태워 주지 않는 고집 센 뱃사공이었지만, 오르페우스의 음악에 반해서 오르페우스를 지하 세계로 데려다 주어요.

카론의 나룻배 *요아힘 파티니르 1515–1524년*

지하 세계에서 에우리디케를 데리고 나오는 오르페우스
장 바티스트 카미유 코로 1861년

오르페우스는 타고난 연주 솜씨로 지하 세계의 왕 하데스를 감동시키고 에우리디케를 되찾는 데 성공하지요. 뿌옇고 어두운 지하 세계를 다급하게 빠져나오는 모습이 보여요. 오르페우스는 평소 즐겨 연주하던 리라를 손에 들고 있어요.

오르페우스는 에우리디케를 끝내 세상 밖으로 구출하지 못했어요. 오르페우스는 평생 에우리디케를 그리워하다가 죽고 나서야 비로소 에우리디케와 다시 만날 수 있었답니다. 죽은 오르페우스의 머리와 리라를 안고 슬퍼하는 님프의 모습이에요.

오르페우스
귀스타브 모로 1865년

인간은 신에 맞서기도 하고, 신과 사랑을 나누기도 했어요.

실 잣는 사람들–아라크네 이야기 *디에고 벨라스케스 1657년*

왼쪽에 노파로 변신한 아테나가 있고, 오른쪽에 천을 짜는 아라크네의 등이 보여요. 그림 가운데에 있는, 아라크네가 짠 천의 무늬는 소로 변한 제우스가 에우로페를 납치하는 모습이에요. 신들의 왕인 제우스의 난폭한 행동을 조롱하는 것이지요. 아라크네는 이렇게 신에게 도전했다가 그만 거미가 되고 말아요.

에로스와 프시케 *시몽 부에 1627년경*

에로스와 사랑에 빠졌던 프시케는 톡톡히 대가를 치렀어요. 에로스는 프시케에게 결코 얼굴을 확인하지 말라고 했지만 프시케는 불을 밝혀 잠든 에로스를 살펴보아요. 실망한 에로스는 프시케 곁을 떠나지요. 그림 속에서는 에로스가 아이의 모습으로 잠들어 있어요.

아프로디테 옥좌 아래의 프시케
에드워드 매슈 헤일 1883년

프시케가 에로스의 어머니 아프로디테에게
용서를 구하고 있어요. 프시케는 아프로디테가
시킨 고된 일들을 해내야 했어요.

온갖 고생 끝에 프시케는 결국 에로스와의 사랑을
되찾는답니다. 에로스가 마치 보석을 다루듯 조심스럽게
프시케를 안고 있어요.

에로스의 키스로 되살아난 프시케
안토니오 카노바 1793년

신화에 등장한 신은 나약한 인간을 돕기도 하고, 건방진 인간에게 벌을 주기도 했어요.

필레몬과 바우키스가 있는 풍경 페테르 파울 루벤스 1625년경

제우스는 인간들이 못마땅하다며 몇 번이나 홍수로 세상을 쓸어버렸어요. 바우키스와 필레몬은 제우스와 헤르메스에게 친절을 베풀어 살아남을 수 있었지요. 홍수가 휩쓰는 배경에 비해 등장인물은 아주 작게 그려져 있어요. 그래서 신의 무서운 힘이 더 잘 느껴지는 것 같아요.

이카로스는 태양 가까이 날다 날개를 붙인 밀랍이 녹아 떨어져 죽어요. 인간은 언제든 마음껏 날 수 있는 신과는 달랐지요. 바다의 님프들이 이카로스의 죽음을 슬퍼하고 있어요. 거대한 날개가 신비로운 느낌을 주어요.

이카로스의 죽음을 슬퍼함
허버트 제임스 드레이퍼 1898년

4 신화 속 영웅의 모습

사람들은 예나 지금이나 영웅을 좋아해요.
신화 속에도 영웅이 등장하지요.
그들은 거친 모험을 해내고 괴물을 무찌르며 공주를 구해요.
그리고 자신을 가로막는 운명에 당당하게 맞서요.

어리석은 영웅, 이아손은 메데이아의 도움을 받아 모험을 끝내지만 나중에는 메데이아를 배신해요.

아르고 호 로렌초 코스타 16세기

이아손과 오십 명의 영웅이 탄 아르고 호의 모습이에요.
이아손은 빼앗긴 왕 자리를 되찾기 위해 황금 양털을 가지러 모험을 떠나요.

아이에테스의 황소를 다루는 이아손
장 프랑수아 드 트루아 1742년

이아손이 괴물 황소에 맞서 전혀 밀리지 않고 싸우고 있어요.
그가 황소를 이길 수 있었던 것은 사실 메데이아의 도움 덕분이었지요.

메데이아 앤서니 프레더릭 샌디스 1866–1868년

메데이아는 아버지를 배신하고 마법의 약을 만들어 이아손이 이기도록 도와주어요.
메데이아 뒤쪽으로 아르고 호의 모습이 보여요.

황금 양털을 가지고 오는 이아손 에라스무스 켈리누스 17세기

이아손은 메데이아의 도움으로 황금 양털을 손에 넣어요. 하지만 이아손은 메데이아를 버린답니다.
이아손은 뛰어난 영웅이었지만 사랑하는 사람을 배신하고 만 어리석은 사람이었어요.

백마 탄 왕자가 공주를 구하는 이야기의 주인공, 페르세우스예요.
끔찍한 바다 괴물을 무찌르고 안드로메다 공주를 구하지요.

영웅들의 탄생은 평범하지 않아요. 페르세우스 또한 황금 비로 변한 제우스와 인간 다나에 사이에서 태어난 영웅이었어요. 황금 비를 맞이하는 다나에 이야기는 신비롭고 아름다운 분위기로 수많은 화가가 즐겨 그렸어요.

다나에 얀 마뷔즈 1527년

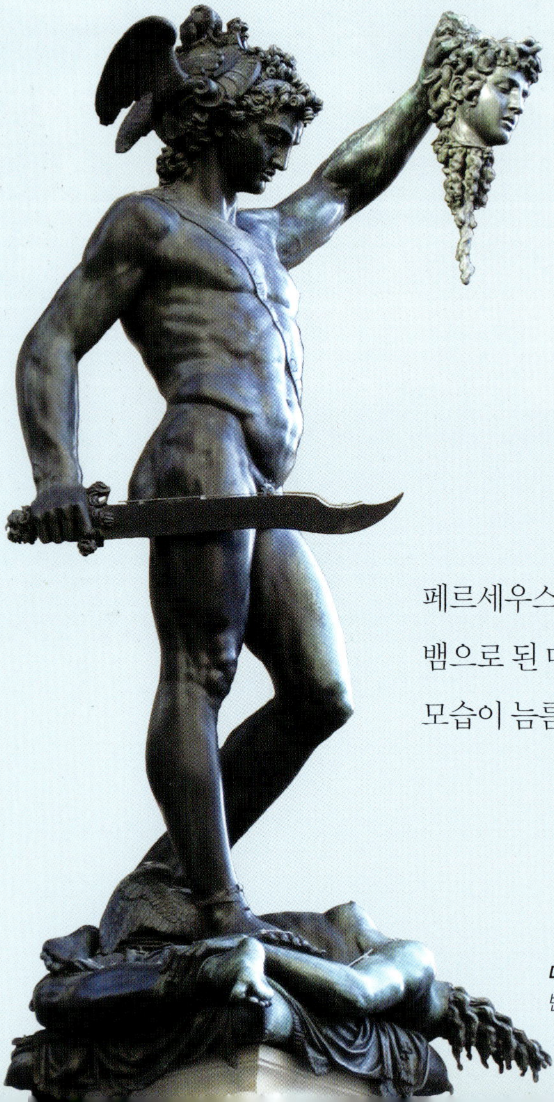

페르세우스는 메두사를 죽인 영웅으로 유명해요. 뱀으로 된 메두사의 머리를 치켜든 페르세우스의 모습이 늠름해 보여요.

메두사 머리를 들고 있는 페르세우스
벤베누토 첼리니 1545–1554년

안드로메다를 구하는 페르세우스
피에로 디 코시모 1513년경

이 그림에는 이야기 흐름에 따라 여러 장면이 담겨 있어요.

바다 괴물의 제물이 된 안드로메다를 구하러 날아가는 페르세우스가 오른쪽 위에 보여요.

가운데에는 페르세우스가 바다 괴물을 내리치려 하고 있어요.

오른쪽 아래에는 안드로메다를 구한 페르세우스가 사람들의 축하를 받고 있어요.

괴물을 물리치고 안드로메다를 데려오는 페르세우스의 모습이에요.

사랑의 신 에로스가 함께 있는 걸로 봐서 두 사람은 사랑에 빠진 것 같아요.

안드로메다를 구하는 페르세우스
안톤 라파엘 멩스 1774~1777년

신화 속 영웅의 모습 – 헤라클레스, 테세우스

신화 속에서 가장 힘센 사람은 아마 헤라클레스일 거예요.
열두 가지나 되는 어려운 일을 거뜬히 해냈지요.
또 테세우스는 괴물이 사는 미궁을 빠져나왔어요.

은하수의 기원
틴토레토 1575년경

헤라클레스가 너무 세게 젖을 빠는 바람에 헤라가 깜짝 놀랐어요. 황급히 몸을 돌리는 헤라의 모습이 무척 역동적으로 그려졌어요.

헤라클레스와 네메아의 사자
작가 미상 기원전 6세기

헤라클레스는 험난한 열두 가지 임무를 해내야 했어요. 그 첫 번째 임무가 바로 네메아 계곡의 사자를 잡는 거였지요. 맨손으로 사자를 때려잡은 헤라클레스는 그때부터 사자 가죽을 두르고 다녔어요.

아리아드네와 테세우스
장 바티스트 르뉴 연도 미상

아리아드네와 테세우스의 모습이에요.
테세우스는 괴물 미노타우로스를 없애러 이웃 나라 크레타로 와요. 크레타의 공주 아리아드네는 첫눈에 테세우스에게 반해 그를 도와주지요.

테세우스가 미궁 속의 괴물 미노타우로스를 죽이고 있어요. 반항하는 미노타우로스의 모습이 무척 생생해요.

미노타우로스를 죽이는 테세우스
앙투안 루이 바리 19세기

아킬레우스는 바다의 여신 테티스의 아들로 트로이 전쟁에서 큰 공을 세워요.

지하 세계의 스틱스 강에 몸을 담그면
죽지 않는 몸이 된다고 해요.
그래서 아킬레우스의 어머니 테티스는
아들을 강물에 담갔지요.
하지만 아킬레우스를 붙잡고 있느라
발뒤꿈치는 강물에 담그지 못했어요.

스틱스 강에 아킬레우스를 담그는 테티스
앙투안 보렐 18세기

아킬레우스는 뛰어난 스승 케이론에게 음악과 말타기, 사냥 등을 배웠어요. 아킬레우스는 점차 훌륭한 청년으로 자라났답니다.

아킬레우스와 케이론
작가 미상 기원전 1세기

5 트로이 전쟁

수많은 신과 인간이 엮인
최초의 세계 전쟁이 바로 트로이 전쟁이에요.
트로이 전쟁은 무려 10년 동안이나 길게 이어졌지요.

여신들의 자존심을 건 대결이 있었어요.
거기에 트로이의 왕자, 파리스의 경솔한 행동 때문에 전쟁이 일어났지요.

파리스는 가장 아름다운 여신에게 황금 사과를 건네야 했어요. 파리스는 아프로디테를 선택했고, 이 선택은 훗날 트로이 전쟁의 원인이 되어요. 헤라의 새인 공작과 아테나의 방패, 아프로디테의 아들 에로스가 보여요.

파리스의 심판 페테르 파울 루벤스 1638–1639년

황금 사과를 받은 아프로디테는 파리스가 아름다운 여인인 헬레네를 만나게 해 주어요. 트로이의 왕자 파리스에게 스파르타의 왕비 헬레네를 빼앗기자, 스파르타는 그리스 연합군을 꾸려 트로이를 상대로 전쟁을 벌여요.

헬레네의 납치
구이도 레니 1631년

아킬레우스의 죽음 *페테르 파울 루벤스 17세기*

트로이 전쟁은 수많은 영웅의 목숨을 앗아 갔답니다. 그리스의 장군이었던 아킬레우스도 발뒤꿈치에 화살을 맞아 죽게 되지요. 전쟁이 누구도 예측할 수 없이 흘러가는 가운데, 그리스의 장군 오디세우스는 거대한 목마를 만들기로 해요.

트로이의 신관 라오콘은 사람들에게 그리스 군의 목마를 조심하라고 해요. 하지만 그는 두 아들과 함께 포세이돈이 보낸 바다뱀에 물려 죽는답니다. 뱀에 휘감겨 괴로워하는 라오콘과 두 아들의 모습이 보는 이를 오싹하게 해요.

라오콘과 아들들
아게산드로스, 아테노도로스, 폴리도로스 기원전 1세기경

거대한 목마가 마침내 트로이 전쟁을 끝내요.

길고 긴 트로이 전쟁을 끝낸 목마예요. 그리스 군은 거대한 목마 안에 숨어 있다가 한밤중에 튀어나와 트로이 군을 덮쳤어요. 전해 오는 이야기로는 목마는 흰색이고 자주색 갈기에서 금빛이 돌았다고 해요. 화가는 목마를 마치 살아 있는 말처럼 그렸어요. 승리를 확신한 나머지 아무 생각 없이 끌어들인 목마가 한 나라를 멸망시켰지요. 강하고 아름다운 나라였던 트로이는 그렇게 역사 속으로 사라지고 말았어요.

트로이로 들어가는 목마
조반니 바티스타 티에폴로 1773년

6 그림 속 신화 뒷이야기

신화 속에는 숨어 있는 뜻이 많아요.
신화가 낳은 명화도 마찬가지예요.
화가마다 하고 싶은 이야기를 신화 속 소재에 빗대어 그렸지요.

명화 속에 숨은 이야기를 살펴보아요.

갈림길의 헤라클레스 폼페오 지롤라모 바토니 1748년

영웅 헤라클레스가 두 여인 사이에서 고민하고 있어요. 빨간 옷을 입은 여인은 꽃을 내밀며 유혹하는 듯 웃고 있고, 파란 옷의 여인은 당장 떠나라는 듯 손짓을 하고 있어요.
사람들은 살아가면서 잘못된 길로 들어서기도 하고, 올바른 길을 찾아가기도 해요.
화가는 빨간 옷의 여인을 악, 파란 옷의 여인을 선으로 그린 다음 헤라클레스에게 지혜롭게 선택하라고 맡겼답니다.

사랑은 모든 것을 이긴다 카라바조 1602년

사랑의 신 에로스의 모습이에요.
힘찬 날개를 달고 손에 화살을 쥐고 있어요.
에로스의 발아래에는 책과 펜, 각도기와 컴퍼스, 악기와 악보 등 여러 가지 물건이 널려 있어요.
이 그림은 바로 사랑이 문학과 예술 등 모든 것을 이긴다는 뜻이지요.

팔라스와 켄타우로스 *산드로 보티첼리 1480년경*

아테나 여신과 켄타우로스의 모습이에요. 지혜의 여신인 아테나와 달리 켄타우로스는 산과 들을 다니며 내키는 대로 행동하는 난폭하고 멍청한 괴물로 알려져 있지요. 켄타우로스가 아테나에게 머리를 잡혀 꼼짝 못하는 이 그림은 이성과 지혜가 야만과 어리석음을 이긴다는 뜻이라고 해요.

그림이 들려주는 또 다른 이야기를 들으며 남들과 다르게 한번 생각해 보아요.

메두사 *카라바조 1596–1598년경*

뱀의 머리를 한 이 여인은 바로 메두사예요. 메두사는 본디 무척 아름다운 여인이었답니다. 하지만 아테나의 분노를 사서 끔찍한 모습으로 변했어요. 자기를 바라보는 사람들이 모두 돌로 변해 버리는 무서운 저주에도 걸렸지요. 모두에게 사랑받던 메두사는 하루아침에 모두에게 손가락질받으며 살게 된 거예요. 페르세우스가 그녀의 목을 벨 때까지 메두사는 얼마나 슬프고 고통스러웠을까요?

미노타우로스는 포세이돈의 저주로 황소와 사람의 모습이 합쳐진 괴물로 태어났어요. 죽을 때까지 제물로 바쳐진 사람들을 잡아먹으며 살았지요. 태어나자마자 괴물이란 이유로 미궁 속에 갇혔던 미노타우로스는 한 번도 나가지 못한 세상 밖이 그리웠을 거예요. 그림 속의 미노타우로스는 괴상한 모습이지만 어쩐지 외롭고 쓸쓸해 보여요.

미노타우로스
조지 프레더릭 와츠 1885년

추락하는 이카로스가 있는 풍경 *피터르 브뤼헐 1555~1558년경*

그림 오른쪽에 바다에 떨어진 이카로스의 두 다리가 작게 그려져 있어요.
소를 몰며 밭을 가는 농부의 모습은 크게 그려졌지요. 그림 속에 나타난 이카로스와 농부의 모습이 어떻게 보이나요? 너무 높게 날지 말라는 아버지의 말씀을 어기고 욕심 부리며 날아올랐던 이카로스와 욕심 없이 묵묵히 자신의 일에 성실한 농부의 모습으로 보이나요?
아니면 실패했지만 자신의 한계에 도전한 이카로스와
생각 없이 늘 같은 일만 되풀이하는 답답한 농부의 모습으로 보이나요?
하나의 그림 속에 전혀 다른 두 가지 뜻이 담겨 있답니다.

그리스 로마 신화 올림포스 가디언 64

신화, 명화를 남기다

글 박은하

펴낸이 양원석
펴낸곳 (주)알에이치코리아
등록 2004년 1월 15일 제2-3726호
주소 서울특별시 금천구 가산디지털2로 53, 20층 (한라시그마밸리)
문의전화 02)6443-8800

ISBN 978-89-255-4363-5(74800)
ISBN 978-89-255-4354-3(세트)

값 12,800원

명화 구입처 유로크레온㈜

※잘못된 책은 구입하신 곳에서 바꾸어 드립니다.
※책 모서리가 날카로워 다칠 수 있으니 사람을 향해 던지거나 떨어뜨리지 마십시오.

알에이치코리아 홈페이지와 카페, SNS로 들어오시면 자사 도서에 대한 더 많은 정보와 다양한 이벤트 혜택을 확인할 수 있으며, E-book몰에서는 전자북으로도 만나볼 수 있습니다.

주니어RHK 홈페이지 http://jrrhk.com | **E-book몰(RHK북스)** http://ebook.rhk.co.kr | **북카페** http://cafe.naver.com/randomhousekorea
페이스북 https://www.facebook.com/rhk.co.kr | **트위터** @randomhouse_kr | **유튜브** http://www.youtube.com/randomhousekorea